Das VORDTRIEDE-QUIZ

Jürgen Lang

Das VORDTRIEDE-QUIZ

50 Fragen und Antworten
zur emigrierten Freiburger Familie

Bibliografische Information der Deutschen National-bibliothek:
Die Deutsche Nationalbibliothek verzeichnet diese Publikation in der Deutschen Nationalbibliografie; detaillierte bibliografische Daten sind im Internet über http://dnb.dnb.de abrufbar.

© 2015 Jürgen Lang, Fichtestraße 4, 79115 Freiburg

2. aktualisierte Auflage 2016

Illustration: Jürgen Lang/Badische Zeitung 2014
Übersetzung: Keine
weitere Mitwirkende: Keine

Herstellung und Verlag: BoD - Books on Demand, Norderstedt

ISBN: 978-3-7392-0492-5

Inhaltsverzeichnis

Vorwort — 3

Einleitung — 5

Das VORDTRIEDE-HAUS Freiburg — 7

Fragen zum Projekt — 9

Fragen zum Wohnhaus — 11

Fragen zu Käthe Vordtriede — 13

Fragen zu Fränze Vordtriede — 15

Fragen zu Werner Vordtriede — 17

Auflösungen — 19

Fazit — 21

Namensverzeichnis — 23

Quellen und Literatur — 25

Zum Autor — 35

Vorwort

Das einmalige Quiz informiert spielerisch, über die ehemalige jüdische Familie. Diese lebte von 1926 bis 1939 in Freiburg-Haslach. Dahinter stehen die alleinerziehende Käthe und die beiden Kinder Fränze und Werner. Nur weil sie Juden waren, wurden sie verfolgt und vertrieben. Durch sofortige Flucht ins Ausland, konnten sie sich retten.

Mit dem Bürgerprojekt „Das VORDTRIEDE-HAUS Freiburg", wird daran erinnert. Seit 2002 wohnt der Initiator mit seiner Familie, im ehemaligen Wohnhaus Fichtestraße 4. 2015 wurde die private Initiative mit dem Stadtpreis „Bürgerschaftliches Engagement" ausgezeichnet.

Die Zielgruppen des Quiz sind Erwachsene, Jugendliche und Kinder. Gerade junge Menschen sind aufgefordert, sich mit dem deutschen Nationalsozialismus und deren Ideologie zu beschäftigen. Diese Geschehnisse dürfen sich niemals wiederholen, weder hier noch sonst auf der Welt.

Freiburg im Breisgau, Januar 2016

Der Projektleiter

Einleitung

Das Quiz wurde eigens als Beitrag für den „Haslacher Adventskalender" konzipiert. Am 15. Dezember 2015, wurde es erstmals öffentlich vorgestellt.

Die Idee entstand im September 2015, nachdem die deutschlandweite Artikelserie zum „30. Todestag Werner Vordtriede", leider keine Resonanz fand.

Dieses Booklet will Interesse an der Familiensaga sowie verwandte Themenbereiche wecken. Dazu zählen Emigration, Germanistik, Intellektuelle, Jüdische Geschichte oder Nationalsozialismus.

Natürlich darf das Booklet auch als Unterrichtsvorbereitung benutzt werden.

In der 2. Auflage wurden ein Namensverzeichnis und Neuigkeiten aufgenommen, Quellenangaben ergänzt, Rechtschreibfehler korrigiert sowie Textverbesserungen vorgenommen.

Das VORDTRIEDE-HAUS Freiburg

Das VORDTRIEDE-HAUS ist eine private Initiative, die sich der ehemals emigrierten Familie Vordtriede widmet. Diese lebte von 1926 bis 1939 in der Fichtestraße 4, Freiburg-Haslach. Neben Käthe Vordtriede, gehören auch die Kinder Dr. Frances Vordtriede-Riley und Prof. Werner Vordtriede dazu. 2015 wurde das Projekt mit dem Stadtpreis „Ehrenamtliches Engagement" ausgezeichnet.

Initiator ist der Nachmieter Jürgen Lang, der das Projekt 2014 in Leben gerufen hat. Zukünftig soll das ehemalige Wohnhaus eine Begegnungsstätte und Museum werden.

Vieles gibt es noch auszuwerten, zu erforschen und inhaltlich zu verbinden. Wer waren beispielsweise die Eltern Blumenthal? Was wissen wir über Gustav Adolf Vordtriede? Wie lebte Käthe in New York? Was machte Fränze in Philadelhia oder Werner genau in München? Gibt es noch neue Quellen?

Das Motto des Projekts lautet folglich: Erinnerung, Forschung, Mahnung.

Sollten Sie etwas zum Thema haben oder wissen, wenden Sie sich bitte an den Autor. Vielen Dank.

Fragen zum Projekt

1.) Wann wurde das Projekt ins Leben gerufen?
    a) 2002
    b) 2004
    c) 2006
    d) 2014

2.) Was war die Initialzündung?
    a) 20. Todestag Fränze Vordtriede
    b) 30. Todestag Werner Vordtriede
    c) 50. Todestag Käthe Vordtriede
    d) 100 Jahre Freiburg-Gartenstadt

3.) Für was steht das Projekt?
    a) Einigkeit, Recht und Freiheit
    b) Erinnerung, Forschung, Mahnung
    c) In vino veritas
    d) Liberté, Egalité, Fraternité ou la mort

4.) Was will das Projekt noch sein?
    a) Ansprechpartner für die Familiensaga
    b) Ansprechpartner für Gleichstellungsfragen
    c) Ansprechpartner für Grenzgänger
    d) Ansprechpartner für Schulen

5.) Wer hat das Thema erstmals ins Rollen gebracht?
    a) Biografin Dr. Gesa Schönermark
    b) Herausgeber Manfred Bosch
    c) Herausgeber Prof. Detlef Garz
    d) Wissenschafler Prof. Dieter Borchmeyer

6.) Welcher Straßenname wurde für das Neubaugebiet Freiburg-Gutleutmatten im Jahr 2014 vorgeschlagen?
    a) Dr. Vordtriede-Riley Blvd
    b) Geschwister-Vordtriede-Straße
    c) Käthe-Vordtriede-Weg
    d) Werner-Vordtriede-Allee

7.) Welche Aktionen gab es 2015?
    a) 30. Todestag Werner Vordtriede
    b) Gedenktafel
    c) Preisnominierungen
    d) Sporttag

8.) Mit welchem Ehrenamtspreis wurde das Projekt bereits ausgezeichnet?
    a) Echt gut!-Ehrenamt in Baden-Württemberg
    b) Fernsehpreis Bambi
    c) Deutscher Bürgerpreis
    d) Stadtpreis Ehrenamtliches Engagement

9.) Was bringt das Jahr 2016 für das Projekt?
    a) Ausstellungsbeteiligung
    b) Biografie über Werner Vordtriede
    c) Stadtgeburtstag 900 Jahre Freiburg
    d) 20. Todestag Fränze Vordtriede

10.) Welche langfristigen Ziele hat das Projekt?
    a) Begegnungsstätte
    b) Hotel Mama
    c) Museum
    d) Tante-Emma-Laden

Fragen zum Wohnhaus

11.) Wer hat den Projektleiter auf das Wohnhaus hingewiesen?
    a) Arbeitskollege
    b) Nachbar
    c) Kulturverein
    d) Stadt Freiburg

12.) Wann zog die Familie in das Wohnhaus?
    a) 1918
    b) 1921
    c) 1926
    d) 1933

13.) Für was war das Wohnhaus damals gut bekannt?
    a) Erholungsfürsorge
    b) Nachbarschaftshilfe
    c) SPD-Mitgliedertreffen
    d) Volkswacht-Zeitung

14.) In welchen Epochen lebten die Vordtriedes?
    a) Berliner Republik
    b) Deutsches Kaiserreich
    c) Drittes Reich
    d) Weimarer Republik

15.) Wieso wurden sie verfolgt und vertrieben?
    a) Emigranten
    b) Intellektuelle
    c) Juden
    d) Westfalen

16.) Wieviel Einwohner hatte Freiburg 1939 als das Wohnhaus entgültig verlassen war?
    a) 99.122
    b) 108.487
    c) 116.731
    d) 222.203

17.) Was sagte Werner Vordtriede zu einer Nachbarin als er das ehemalige Wohnhaus besuchte?
    a) Ich bin ein Berliner!
    b) Ich suche die Innenstadt!
    c) Ich suche meine Jugend!
    d) Ich weiß, dass ich nichts weiß.

18.) Wer von der Familie Vordtriede besuchte zuletzt das Wohnhaus?
    a) Frances Vordtriede-Riley
    b) Julius Vordtriede
    c) Käthe Vordtriede
    d) Werner Vordtriede

19.) Wann kam es zur Stolperstein-Verlegung vor dem Haus?
    a) 1996
    b) 1999
    c) 2004
    d) 2006

20.) Wem gehört das Wohnhaus heute?
    a) Bauverein Breisgau
    b) Deutsche Stiftung Denkmalschutz
    c) Familie Alber-Lang
    d) Freiburger Stadtbau

Fragen zu Käthe Vordtriede

21.) Wo wurde Sie geboren?
    a) Bielefeld
    b) Freiburg
    c) Hannover
    d) Karlsruhe

22.) Welchen Beruf hatte ihr Ehemann Gustav Adolf Vordtriede?
    a) Bankkaufmann
    b) Bürgermeister
    c) Handwerker
    d) Schokoladenfabrikant

23.) Als was arbeitete Käthe in Freiburg?
    a) Hausfrau
    b) Journalistin
    c) Postangestellte
    d) Schriftstellerin

24.) Welche einschneidende Lebensereignisse gab es im Jahr 1933?
    a) Berufsverbot
    b) Emigration von Werner
    c) Verhaftung
    d) Zerstörung der Volkswacht"-Druckerei

25.) Wie wurde sie deutschlandweit bekannt?
    a) Buchveröffentlichung
    b) Fernsehserie
    c) Promihochzeit
    d) Zeitungsartikel

26.) Wie lautet die Erstveröffentlichung?
   a) Das siebte Kreuz (1942)
   b) Das verlassene Haus (1975)
   c) Mir ist es noch wie ein Traum, dass mir diese abenteuerliche Flucht gelang (1998)
   d) Telemachs Wandlung (1995)

27.) In welchem Jahr wurde der „Käthe-Vordtriede-Weg" erstmals vorgeschlagen?
   a) 1999
   b) 2000
   c) 2002
   d) 2014

28.) Wo befindet sich der zweite Stolperstein von Käthe Vordtriede?
   a) Freiburg (Basler Hof)
   b) Hannover
   c) Kreuzlingen (Schweiz)
   d) Lengwil (Schweiz)

29.) Welche berufliche Tätigkeit übte sie zuletzt aus?
   a) Journalistin
   b) Haushälterin
   c) Lehrerin
   d) Romanschriftstellerin

30.) Wann starb Käthe Vordtriede?
   a) 1939 in Frauenfeld (Schweiz)
   b) 1961 in München
   c) 1964 in New York
   d) 1994 in Freiburg

Fragen zu Fränze Vordtriede

31.) Wo wurde sie geboren?
    a) Bielefeld
    b) Dortmund
    c) München
    d) New York

32.) Für was engagierte sich Fränze in der Freizeit?
    a) Bund Deutscher Mädel
    b) Erholungsfürsorge mit der Mutter
    c) Wandervogelbewegung
    d) Winterhilfwerk

33.) Wo machte sie ihre Reifeprüfung?
    a) Berthold-Gymnasium
    b) Friedrich-Gymnasium
    c) Goethe-Gymnasium
    d) Kepler-Gymnasium

34.) Was hat Fränze in Freiburg studiert?
    a) Anglistik
    b) Medizin
    c) Rechtswissenschaft
    d) Volkswirtschaft

35.) Wie alt war Sie bei ihrer Dissertation „Der Imagismus, sein Wesen und seine Bedeutung"?
    a) 19 Jahre
    b) 24 Jahre
    c) 28 Jahre
    d) 32 Jahre

36.) In welches Land emigrierte Fränze 1934?
   a) Frankreich
   b) Großbritannien
   c) Schweiz
   d) USA

37.) Wo lebte sie nach ihrer Heirat mit dem Kollegen William Thomas Riley im Jahr 1951?
   a) Harrisburgh
   b) New York
   c) Philadelphia
   d) Woodstock

38.) Welchen Beruf übte Frances zuletzt aus?
   a) Kindergärtnerin
   b) Lehrerin
   c) Verwaltungsangestellte
   d) Wissenschaftliche Mitarbeiterin

39.) Wann ist „Fränzi" gestorben?
   a) 1961 in München
   b) 1964 in New York
   c) 1994 in Freiburg
   d) 1997 in Fort Myers

40.) Welchen Titel hat ein Aufsatz über sie?
   a) Ein politisch gefährliches Subjekt (2002)
   b) Es gibt Zeiten in denen man welkt (1999)
   c) Geheimnisse an der Lummer (1979)
   d) Weimar am Pazifik (1985)

Fragen zu Werner Vordtriede

41.) Wo wurde Werner geboren?
    a) Bielefeld
    b) Dortmund
    c) Hannover
    d) München

42.) In welches Land emigrierte der Abiturient und studierte dort später?
    a) Großbritannien
    b) Italien
    c) Schweiz
    d) USA

43.) An welcher namhaften Universität wurde er mit nur 32 Jahren Professor?
    a) Albert-Ludwigs-Universität 1955
    b) Ludwig-Maximilians-Universität 1962
    c) Universität Zürich 1943
    d) University of Wisconsin 1947

44.) Wann kehrte Werner nach Deutschland zurück?
    a) 1945
    b) 1961
    c) 1963
    d) 1985

45.) Was machte er beruflich?
    a) Dichter
    b) Literaturwissenschaftler
    c) Schriftsteller
    d) Übersetzer

46.) Was war sein erstes Buch?
   a) Das verlassene Haus (1975)
   b) Der Innenseiter (1981)
   d) Der Nekromant (1968)
   d) Liebesgedichte (1980)

47.) Für welchen Literaturnobelpreisträger hatte er 1963 Gedichte veröffentlicht?
   a) Frédéric Mistral (Frankreich)
   b) George Bernhard Shaw (Großbritannien)
   c) Pearl S. Buck (USA)
   d) William Butler Yeats (Irland)

48.) Wo lebte er in München?
   a) Kunigundestraße 35
   b) Marienplatz 11
   c) Sendlinger Tor
   d) Simmernstraße 3

49.) Wann starb der „Hommes de lettres"?
   a) 1980 in Bielefeld
   b) 1982 in Freiburg
   c) 1985 in Smyrna/Izmir (Türkei)
   d) 1998 in New York

50.) Wer verwaltet sämtliche Nachlassunterlagen?
   a) Deutsche Schillergesellschaft
   b) Deutsches Literaturarchiv
   c) Ehemaliger Schüler
   d) UW-Madison Libraries

Auflösungen

Zum Projekt: **1a**, **2c**, **3b**, **4a/d**, **5b**, **6b**, **7a/c**, **8d**, **9a** und **10a/c**.

Zum Wohnhaus: **11b**, **12c**, **13a-d**, **14c/d**, **15b/c**, **16b**, **17c**, **18a**, **19d** und **20c**.

Zu Käthe Vordtriede: **21c**, **22d**, **23b**, **24a-d**, **25a**, **26c**, **27b**, **28a**, **29b** und **30c**.

Zu Fränze Vordtriede: **31b**, **32b/c**, **33c**, **34a**, **35b**, **36b**, **37c**, **38b**, **39d** und **40a**.

Zu Werner Vordtriede: **41a**, **42c**, **43d**, **44b**, **45a-d**, **46d**, **47d**, **48a/d**, **49c** und **50b**.

Fazit

Das Quiz hat einen ersten Einblick in die Familiengeschichte gegeben und vielleicht weiteres Interesse geweckt.

Neben Käthe Vordtriede wurden auch die Kinder Fränze und Werner berücksichtigt. Alle drei waren Opfer des NS-Rassenwahns.

Schließlich wurde mit den Fragen ein Kontext zwischen NS-Zeit, Orten, Personen, Projekt und dem ehemaligen Wohnhaus hergestellt. Damit ergibt sich ein interessantes Gesamtbild und weitere Fragen.

Teils wurden bisher unbekannte Fakten eingearbeitet.

Die umfangreichen Quellenangaben können für weitere Informationen oder Lesetipps genutzt werden.

Namensverzeichnis

Aktionskomitee 100 Jahre Gartenstadt, 27
Bauverein Breisgau, 12, 27
Bielefeld, 17
Deutscher Bürgerpreis, 10
Deutsches Literaturarchiv, 18
Dr. Frances Vordtriede-Riley, 7, 12
Dr. Gesa Schönermark, 9, 30
Dr. Sigrun Faltin, 28
Dr. Ute Scherb, 27
Dortmund, 15
30. Todestag Werner Vordtriede, 5, 10
Drittes Reich, 11
Echt gut!-Ehrenamt in Baden-Württemberg, 10
Eltern Blumenthal, 7
Emigration, 31
Erholungsfürsorge, 13, 15
Fichtestraße, 3, 7
Fort Myers, 17
Fränze Vordtriede, 3, 15, 16, 26, 27
Frauenfeld, 14
Freiburg, 3, 10, 12, 14
50. Todestag Käthe Vordtriede, 9
Germanistik, 32
Geschwister-Vordtriede-Straße, 10
Goethe-Gymnasium, 15
Großbritannien, 16
Gustav Adolf Vordtriede, 7, 13
Hannover, 13
Haslacher Adventskalender, 5
100 Jahre Freiburg-Gartenstadt, 9
Intellektuelle, 11, 32

Juden, 3, 11
Jüdische Geschichte, 32
Jürgen Lang, 7, 25, 26, 28, 30, 35
Julius Vordtriede, 12
Käthe Vordtriede, 3, 7, 13, 14, 27, 28, 29
Käthe-Vordtriede-Weg, 14
Kunigundestraße, 18
Ludwigs-Maximilians-Universität, 17
Manfred Bosch, 9, 28
München, 7, 18
Nationalsozialismus, 3, 21, 33, 34
New York, 7, 14
Philadelphia, 7, 16
Prof. Detlef Garz, 9, 28
Prof. Dieter Borchmeyer, 9, 29
Schweiz, 14
Simmernstraße, 18
Smyrna/Izmir, 18
Stadtpreis Ehrenamtliches Engagement, 3, 10
Stolpersteine, 12, 14
Thomas William Riley, 16
Universität Zürich, 17
University of Wisconsin, 17
USA, 17
Volkswacht-Zeitung, 11, 13
Vordtriede-Haus, 3, 7, 25, 26
Wandervogelbewegung, 15
Weimarer Republik, 11
Werner Vordtriede, 3, 7, 17, 18, 29, 30
Westfalen, 11
William Butler Yeats, 18, 30
Woodstock, 16
20. Todestag Fränze Vordtriede, 10

Quellen und Literatur

Allgemein:

Eigene Recherchen

www.uni-freiburg.de

www.stadt-freiburg.de

www.verwaltungsgeschichte.de

Das Vordtriede-Haus:

Gröber, Bettina
Brückenbauer und Lotsen, Die Stadt hat Ehrenamtliche und Freiwillige für langjähriges Engagement ausgezeichnet, in: Badische Zeitung, Freiburg 04.12.2015

Lang, Jürgen
Am Tisch mit Käthe Vordtriede, Erinnerungen an das großartige Engagement der jüdischen Schriftstellerin, abrufbar unter: www.regiotrends.de, Freiburg am 06.01.2015

Lang, Jürgen
Banker beißen nicht!, Bankkaufmann beantwortet Kundenfragen, Norderstedt 2015

Lang, Jürgen
Das VORDTRIEDE-HAUS Freiburg, Mahnmal gegen Gewaltherrschaft und Vergessen, Werbeflyer, Freiburg 2014

Lang, Jürgen
Geschwister-Vordtriede-Straße für Gutleutmatten-West, in: Haslacher Bote, Oktober-Ausgabe, Freiburg 2014

Lang, Jürgen
Projekt VORDTRIEDE-HAUS Freiburg nominiert, Dabei beim Wettbewerb Echt-Gut!-Ehrenamt in Baden-Württemberg 2015, abrufbar unter: www.regiotrends.de, Freiburg am 03.07.2015

Lang, Jürgen
Verloren aber in der Sache gewonnen!, in: Haslacher Bote, Dezember-Ausgabe, Freiburg 2014

Lang, Jürgen
VORDTRIEDE-HAUS Freiburg erhält Auszeichnung, Preisgeld wird für Forschungsarbeiten verwendet, abrufbar unter: www.regiotrends.de, Freiburg am 04.12.2015

Lang, Jürgen
VORDTRIEDE-HAUS Freiburg veröffentlicht Quiz, Ehemaliges Wohnhaus soll Begegnungsstätte und Museum werden, abrufbar unter: www.regiotrends.de, Freiburg am 13.11.2015

Wielsch, Regina
Haslacher Adventskalender 2015, in: Haslacher Bote, November-Ausgabe, Freiburg 2015

Fränze Vordtriede:

Der Imagismus, Sein Wesen und seine Bedeutung, Freiburg 1935

Eigene Recherchen

Huml, Ariane u.a.
Jüdische Intellektuelle im 20. Jahrhundert, Literatur- und kunstgeschichtliche Studien, Würzburg 2003

Peterfly, Margit
William Carlos Williams in deutscher Sprache, Aspekte der übersetzerischen Übermittlung 1951-1970, Würzburg 1999

Pfanz-Sponagel, Christiane
Als die Heimat zur Fremde wurde. Zwischen Emigration und Deportation, Die Freiburger Juden als Opfer des NS-Rassenwahns, in: Migration in Freiburg im Breisgau, Ihre Geschichte von 1500 bis zur Gegenwart, Freiburg 2014

Scherb, Ute
Ein politisch gefährliches Subjekt, Das Leben der Fränze Vordtriede, in: Zeitschrift des Breigau Geschichtsvereins Schau-ins-Land, 121. Jahresheft, Freiburg 2002

www.ancestry.co.uk

www.dla-marbach.de

Käthe Vordtriede:

Aktionskomitee 100 Jahre Gartenstadt
Die Gestapo durchwühlte gerade unsere Küche, in: Geschichte und Geschichten, 100 Jahre Gartenstadt Freiburg-Haslach, Freiburg 2014

Baureithel, Ulrike
Nun sind wir gar nichts, in: Die Welt, Berlin 06.02.1999

Bauverein Breisgau
Der Bauverein Breisgau in der Gartenstadt, ein Rück- und Ausblick anlässlich ihres 100-jährigen Jubiläums, in: Lebensräume, Juli-Ausgabe, Freiburg 2014

Bochtler, Anja
Auf den Spuren von Käthe Vordtriede, in: Badische Zeitung, Freiburg 09.08.2014

Bosch, Manfred (Hrsg.)
Mir ist es noch wie ein Traum, dass mir diese abenteuerliche Flucht gelang, Briefe nach 1933 aus Freiburg, Frauenfeld und New York an ihren Sohn Werner, Lengwil 1998

de.wikipedia.org/wiki/Käthe_Vordtriede (09.09.2015)

Eigene Recherchen

Faltin, Sigrid
Chronistin in dunkler Zeit, Die Freiburger Journalistin Käthe Vordtriede, Doku-Film, Baden-Baden 2001, abrufbar unter www.youtube.com

Garz, Detlef (Hrsg.)
Es gibt Zeiten, in denen man welkt, Mein Leben in Deutschland vor und nach 1933, Lengwil 1999

Lang, Jürgen
Berühmte Vormieterin, in: Stadtkurier, Freiburg 07.08.2014

Lang, Jürgen
Meine Vormieterin Käthe Vordtriede, Freiburger Jahre der jüdischen Redakteurin und Schriftstellerin, Beitrag zur Festschrift 100 Jahre Gartenstadt, Freiburg 27.03.2014

Lernort Zivilcourage & Widerstand
Randale in der Redaktion, Käthe Vordtriede erlebt die Erstürmung der Freiburger Volkswacht, Kurz-Film, Karlsruhe 2015, abrufbar unter www.youtube.com

Rehm, Sigrun
Raus mit der Marxistenhexe, in: Der Sonntag, Freiburg 10.08.2014

Von Ebel, Martin
Ein Volk von Umfallern, in: Der Spiegel, Ausgabe 44, Hamburg 1999

www.dla-marbach.de

www.freiburgs-geschichte.de/1933-1945

www.juedischeliteraturwestfalen.de

www.kalliope.staatsbibliothek-berlin.de

www.perlentaucher.de/autor/kaethe-vordtriede

www.schule-bw.de/unterricht

<u>Werner Vordtriede</u>:

Bermbach Udo und Vaget Hans R.
Getauft auf Musik, Festschrift für Dieter Borchmeyer, Würzburg 2006

Borchmeyer, Dieter u.a.
Weimar am Pazifik, literarische Wege zwischen den Kontinenten, Festschrift für Werner Vordtriede zum 70. Geburtstag, Berlin 1985

Das verlassene Haus, Tagebuch aus dem amerikanischen Exil 1938-1947, München 1975

Der Innenseiter, Roman, München 1981

de.wikipedia.org/wiki/Werner_Vordtriede (02.08.2015)

Eigene Recherchen

Geheimnisse an der Lummer, Roman, Wien 1979

Hergemöller, Bernd U.
Mann für Mann, Biographisches Lexikon zur Geschichte von Freundesliebe und männlicher Sexualität im deutschen Sprachraum, Münster 2010

König, Christoph
Internationales Germanistenlexikon 1800-1959, Band 1, A-G, Tübingen 2003

Lang, Jürgen
Den bleiben ist nirgens, Erinnerungen zum 30. Todestag des Exilanten Werner Vordtriede, in: Haslacher Bote, Oktober-Ausgabe, Freiburg 2015

Melchinger, Christa
Spiegelromane, Werner Vordtriede: Der Innenseiter und Ulrichs Ulrich, in: Die Zeit, München 10.12.1982

Schönermark, Gesa
Telemachs Wandlung, Werner Vordtriede. Eine wissenshistorische Biografie, München 1995

Ulrichs Ulrich oder Vorbereitungen zum Untergang, München 1985

William Butler Yeats, Liebesgedichte, Neuwied am Rhein 1980

www.ancestry.co.uk

www.dla-marbch.de

www.juedischeliteraturwestfalen.de

www.kalliope.staatsbibliothek-berlin.de

www.literaturportal-westfalen.de

Emigration:

Anderson, Edith
Liebe im Exil, Berlin 2010

Blubacher, Thomas
Paradies in schwerer Zeit, Künstler und Denker im Exil in Pacific Palisades, München 2011

Bollauf, Traude
Dienstmädchen-Emigration, Die Flucht jüdischer Frauen aus Österreich und Deutschland nach England 1938/39, Münster 2011

Emmerich, Alexander
Die Geschichte der Deutschen in Amerika, Von 1860 bis zur Gegenwart, Köln 2013

Feuchtwanger, Lion
Exil, Roman, Berlin 2008

Fischer, Erika
Himmelsstraße, Geschichte meiner Familie, Berlin 2007

Kerr, Judith
Warten bis der Friede kommt, Jugendbuch, Ravensburg 1997

Klapdor, Heike
In der Ferne das Glück, Geschichten für Hollywood, Berlin 2013

Remarque, E. M.
Das gelobte Land, Roman, Köln 2010

Roth, Joseph
Juden auf der Flucht, München 2006

Germanistik:

Drügh, Heinz u.a.
Germanistik, Sprachenwissenschaft-Literaturwissenschaft-Schlüsselkompetenzen, Stuttgart 2012

Intellektuelle:

Burschel, Peter u.a.
Intellektuelle im Exil, Göttingen 2011

Winkler, Michael
Deutsche Literatur im Exil 1933-1945, Texte und Dokumente. Ditzingen 1997

Ziegler, Edda
Verboten-verfemt-vertrieben, Schriftstellerinnen im Widerstand gegen den Nationalsozialismus, München 2010

Jüdische Geschichte:

Ben-Sasson, H. H.
Geschichte des jüdischen Volkes, Von den Anfängen bis zur Gegenwart, München 2007

Herzig, Arno
Jüdische Geschichte in Deutschland, Von den Anfängen bis zur Gegenwart, München, 2002

Jüdisches Museum Berlin
Zweitausend Jahre deutsch-jüdische Geschichte, Köln 2002

Steinecke, Hartmut u.a.
Jüdisches Kulturerbe in Westfalen, Spurensuche zu jüdischer Kultur in Vergangenheit und Gegenwart, Bielefeld 2009

Nationalsozialismus:

Anne Frank Fond, Basel (Hrsg.)
Anne Frank Gesamtausgabe, Tagebücher, Geschichte und Ereignisse aus dem Hinterhaus, Erzählungen, Briefe, Fotos und Dokumente, Frankfurt am Main 2015

Benz, Wolfgang
Das Tagebuch der Hertha Nathorff, Berlin-New York, Tagebuchaufzeichnungen 1933 bis 1945, Frankfurt am Main 1989

Jens, Inge (Hrsg.)
Hans Scholl und Sophie Scholl, Briefe und Aufzeichnungen, Frankfurt am Main 1988

Knopp, Guido
Hitlers Helfer, München 1998

Longerich, Peter
Davon haben wir nichts gewusst!, Die Deutschen und die Judenverfolgung 1933-1945, München 2007

Meckel, Marlies
Den Opfern ihre Namen zurückgeben, Stolpersteine in Freiburg, Freiburg 2006

Nürnberger, Christian
Mutige Menschen, Widerstand im Dritten Reich, Stuttgart 2015

Rees, Laurence
Auschwitz, Geschichte eines Verbrechens, Leipzig 2007

Seghers, Anna
Das siebte Kreuz, Berlin 1995

Stadtarchiv Freiburg
Das Schicksal der Freiburger Juden am Beispiel des Kaufmanns Max Mayer und die Ereignisse des 9./10. November 1938, Freiburg 2000

Zielke-Nadkarni, Andrea u.a.
Man sieht nur, was man weiß, NS-Verfolgte im Alter, Fallgeschichten und Lernmaterial, Frankfurt am Main 2013

Zweig, Stefanie
Die Kinder der Rothschildallee, Band 2 der Rothschild-Saga, Roman, München 2010

Zum Autor

Der Bankkaufmann und Betriebswirt Jürgen Lang ist seit über 30 Jahren in der Finanzbranche tätig. Es ist seine Berufung. Seine Lieblingsthemen sind Börse und Geldanlage. Ferner interessiert er sich für Analysen, Globalisierung und Management. Bisherige Tätigkeiten waren Geschäftsstellenleiter, Vermögensberater, Wertpapierberater, Kundenberater und Betriebsreserve. Er lebt und arbeitet als freier Analyst, Buchautor und Coach in Freiburg.

Seine Bücher sind im Buchhandel, Internet oder beim Verlag erhältlich. 2014 hat er Hörbücher über die BRICS-Länder Brasilien, Russland, Indien, China sowie Südafrika veröffentlicht. 2015 folgte seine erste Erzählung und Biografie sowie dritte Buchreihe zum Thema Aktien.

Den Autor erreichen Sie unter der E-Mail-Adresse juergenlang63@gmx.de.